D1785758

L'horizon est en feu

Cinq poètes russes du XXe siècle

BLOK • AKHMATOVA • MANDELSTAM •
TSVÉTAÏÉVA • BRODSKY

*Présentation et choix
de Jean-Baptiste Para*

*Traductions de Pierre Léon, Armand Robin,
Jean-Louis Backès, François Kérel,
Ève Malleret, Elsa Triolet, Véronique Schiltz,
Georges Nivat, Hélène Henry*

GALLIMARD

LIGNE DE CRÊTE, LIGNES DE FEU

De quoi te plains-tu, il n'y a que chez nous
qu'on respecte la poésie : on tue même pour
elle. Ça n'existe nulle part ailleurs.

OSSIP MANDELSTAM

Blok, Akhmatova, Mandelstam, Tsvétaïéva, Brodsky...
Ces cinq poètes représentent à eux seuls la moitié de la
ligne de crête de la poésie russe du XXᵉ siècle. Les quatre
premiers sont nés entre 1880 et 1892, sous le règne du
tsar Alexandre III, autocrate borné qui renforça la cen-
sure, l'inquisition policière, le pouvoir des nobles et les
persécutions contre les juifs. Nicolas II lui succéda
le 1ᵉʳ novembre 1894. Un «despote impuissant», selon
la formule de Dournovo, ministre de l'Intérieur dans le
gouvernement Witte. Sergueï Witte lui-même, honoré du
titre de comte et tombé peu après en disgrâce, parlera
d'un «régime policier, de Cour et de camarilla». Les
années préludant à la chute de la maison Romanov
coïncidèrent pourtant avec l'une des périodes les plus
brillantes de la culture russe — «l'Âge d'argent» —, tan-
dis que le pays connaissait un réel essor économique. Si

*l'on se fie au témoignage des poètes, le climat existentiel
était toutefois dominé par une certaine atonie. Se souve-
nant de ses années d'enfance, Mandelstam écrira : «Je
me rappelle bien les années encloses de la Russie, les
années quatre-vingt-dix, leur lent affaissement, leur calme
maladif, leur provincialisme des fins fonds, eau dor-
mante, dernier refuge du siècle agonisant.» Évoquant la
période qui suivit l'écrasement de la Révolution de 1905,
Alexandre Blok dressa un diagnostic plus affligé encore
dans une lettre écrite d'Italie au printemps 1909 : «Ma
malheureuse et misérable Russie, avec son gouvernement
grotesque, son intelligentsia puérile, comme je la mépri-
serais si je n'étais pas russe... Je ne cesse de penser avec
angoisse à ce qui se passe en Russie... Ma Russie cras-
seuse, hébétée, veule, objet de la risée universelle...» Pour
autant, Blok sait que la Russie que l'on voit à l'œil nu
n'est pas la Russie. Derrière le spectacle de ce «monde
terrible», il entrevoit un autre visage de son pays. Il en
rassemble les traits épars et se forge une image de sa
terre natale comme «entité lyrique». Mais aussi, il pres-
sent l'approche de la tempête et l'appelle de ses vœux.*

*L'évolution de Blok est remarquable. Il est certaine-
ment la plus haute figure du symbolisme russe. Autour
de l'année 1905, qui marque un point de non-retour, les
vents de l'ironie et de l'angoisse déchirent l'esthétisme de
sa jeunesse, le culte de la Belle Dame, les paysages éva-
nescents et vaporeux, les narcisses blancs et les iris
mauves, «les vapeurs factices de l'extase mystique». Il
erre à l'aventure sur les quais de la Neva, flâne dans les
rues désolées à la périphérie de la ville, en passant
devant les taudis sa gorge se serre mais il ne détourne
pas les yeux, des lumières au loin vacillent dans le*

hypnotique et placèrent la titulaire de ce nom en tête de l'alphabet de la poésie russe ».

*

Le génie de l'ambiguïté et du paradoxe est au cœur de l'œuvre d'Ossip Mandelstam. Exemple de paradoxe : « Il semble qu'il ne soit pas plus difficile, mais au contraire plus facile au poète de garder sa liberté intérieure dans les périodes apocalyptiques, que dans les époques de calme et d'indifférence. » Exemple d'ambiguïté : « La Révolution, degré suprême de l'intensité musicale et de l'essence catastrophique de la culture. La sensibilité des poètes les prédispose à la catastrophe » — mais Mandelstam estime aussi qu'une fonction de la poésie est de prévenir la catastrophe.

Il était né en 1891, à Varsovie, dans une famille de commerçants juifs. Il fit ses études dans le meilleur établissement de Saint-Pétersbourg, le collège Tenichev. Il séjourna ensuite à Paris puis fréquenta quelques mois l'Université de Heidelberg avant de rentrer en Russie et de se joindre aux poètes qui allaient former le groupe acméiste. Dans un manifeste de 1913, l'année même où paraissait à compte d'auteur son premier livre de poèmes, Mandelstam écrivait : « Aimez l'être des choses plus que les choses elles-mêmes, aimez votre existence plus que vous-même, telle est la plus haute injonction de l'acméisme. » Dans ce manifeste, Mandelstam affirme que la capacité d'émerveillement est la principale vertu du poète, tout en soulignant que cette vertu doit s'adosser à la pensée logique : « La logique est le royaume de l'inattendu. Penser logiquement signifie s'étonner sans cesse. »

La poésie de Mandelstam entend s'inscrire à la fois dans *le temps et* hors *du temps. L'épaisseur historique et le «maintenant éternel» se fondent chez lui en une totalité organique. C'est une poésie qui met en tension le son et le gouffre primordial du silence. La sonorité, le chant sont pour Mandelstam la seule force capable de s'opposer à l'abîme. Avant même de commencer à écrire un poème, Mandelstam guette et accueille en lui ce qu'il appelle «le moule sonore de la forme». «Il n'y a encore aucun mot, dit-il, mais le poème se fait* déjà *entendre: c'est le son de l'image intérieure que perçoit l'oreille du poète.» Mandelstam ne met pas seulement l'accent sur la matière sonore du poème, mais aussi sur son architecture et sur le* sens *qui est chez lui d'une extraordinaire densité et dans lequel se superposent de multiples strates de la mémoire: mémoire personnelle, bien sûr, mais aussi et plus encore mémoire de l'humanité. En ce domaine, Mandelstam puise jusqu'à la source de l'Antiquité grecque. «La langue russe est une langue hellénistique, affirme-t-il. La nature hellénistique de la langue russe peut être identifiée avec son existentialité. Dans l'acception hellénistique, le mot est une* chair active *qui se résout en événement.»*

Au lendemain de la Révolution d'octobre 1917, Mandelstam avait travaillé un moment aux côtés de Lounatcharski, le Commissaire du peuple à l'Instruction publique. Il était en bons termes avec Boukharine. La véritable tourmente commença pour lui en 1933. Cette année-là, en effet, Mandelstam avait non seulement publié son Voyage en Arménie *qui s'était attiré les foudres de la* Pravda, *mais il avait écrit et lu à des amis une suite de distiques qui constituaient une âpre cri-*

tique du «montagnard du Kremlin». «C'est du sui-
cide!» lui aurait alors dit Pasternak. «Je suis prêt à la
mort», confia Mandelstam à Anna Akhmatova.

En mai 1934, Mandelstam est arrêté. Grâce à l'inter-
vention de Boukharine et de Pasternak, il échappe à
la déportation mais il est relégué pendant trois ans à
Tcherdyne, une petite ville du nord de l'Oural où Boris
Godounov avait autrefois exilé Mikhaïl Romanov, l'oncle
du fondateur de la dynastie. Mandelstam fait une tenta-
tive de suicide et son épouse Nadejda écrit au Comité
central du PCUS qui autorise alors le poète à choisir un
autre lieu de relégation. Mandelstam opte pour Voronej,
une ville fondée au XVIe siècle pour protéger l'État mos-
covite contre les incursions des nomades de la steppe.
En 1918, le jeune pouvoir des Soviets y avait établi une
université. Mandelstam vivra à Voronej de 1935 à 1937.

À Voronej, il écrit des poèmes, donne des conférences,
collabore à la presse et à la radio, obtient un poste de
conseiller littéraire à la bibliothèque et auprès du prin-
cipal théâtre de la ville. Il se rend souvent aux concerts
et il a notamment l'occasion d'entendre le grand violon-
celliste français Maurice Maréchal (9 octobre 1935). Mais
sa santé est fragile, il souffre d'épuisement nerveux, de
malaises cardiaques. S'il connaît une période d'intense
création poétique, il se sent plus que jamais isolé : «Dans
une ville soviétique bien aménagée, Voronej, écrit-il,
c'est aux yeux d'une foule de témoins passifs que je suis
écarté de tout cadre social et ne suis plus, de fait, un
citoyen exilé par décision administrative, mais un homme
fantôme dont la mort est sanctionnée par la passivité
générale.»

En mai 1937, le temps de relégation prend fin et Nade-

jda et Ossip Mandelstam sont de retour à Moscou. *Cette liberté retrouvée est de courte durée. En mars 1938 s'ouvre le procès contre Boukharine. Nikolaï Ivanovitch Boukharine, bolchevik de la première heure, avait été membre du comité central du Parti communiste et du comité exécutif du Komintern. Il est condamné à mort. Les temps sont définitivement révolus où Mandelstam pouvait compter sur son appui. Le 2 mai, le poète est de nouveau arrêté et condamné à cinq ans de travaux forcés en Sibérie. En octobre, il écrit à Nadejda et lui fait part de son état d'épuisement extrême :* « On ne m'a pas accepté pour la Kolyma. Peut-être passerai-je l'hiver ici. » *Il ne lui reste que quelques semaines à vivre. Le 27 décembre 1938, Ossip Mandelstam meurt à l'infirmerie du camp de transit de Vtoraïa Retchka, près de Vladivostok.*

Parmi les grands thèmes de Mandelstam, il nous faut relever au moins celui de l'exil. Depuis que Platon a prétendu chasser les poètes de la République, depuis Ovide et Dante jusqu'à Pouchkine et nombre de poètes contemporains, l'exil intérieur ou hors des frontières dessine une constellation dans laquelle Mandelstam s'inscrit dès Tristia *(1922). Dans ce livre, le motif est décliné de multiples façons : à travers la figure de Perséphone, bannie au royaume de l'Hadès pendant six mois de l'année, à travers la figure du tsarévitch Dimitri, expulsé de Moscou à la fin du XVIe siècle, à travers l'évocation des Décembristes déportés en Sibérie par le tsar Nicolas Ier, à travers l'allusion, dans le titre même du livre, à Ovide exilé aux confins de l'Empire romain sur ordre d'Auguste et qui composa les* Tristes *au bord de la mer Noire, à travers l'image du soleil enterré, dont le poète espère pourtant le retour dans* « le velours noir de la nuit soviétique »…

Dans l'Entretien sur Dante, *poète banni de Florence par une condamnation à mort, c'est, au-delà de la biographie, dans la matière même du poème que l'œil pénétrant de Mandelstam repère les puissances de la séparation et de l'exil :* «Chez Dante les images se séparent et se donnent congé. Il est dur de descendre les ravines de ses vers foisonnant d'adieux.» À ce mouvement de descente, d'enfouissement, mais aussi à ce creusement volontaire qui doit redonner jour aux «couches profondes du temps», la poésie de Mandelstam associe obstinément, et depuis ses débuts, un mouvement contraire, ascendant. Qu'on relise les derniers mots de l'Entretien sur Dante : «Étudier Dante, dans l'avenir, ce sera, je l'espère, étudier la relation d'un texte à son envol.» Ou bien ces «Vers du soldat inconnu», poème écrit en mars 1937 : «Apprends-moi, ô chétive hirondelle, / Toi qui as désappris à voler, / Apprends-moi, sans gouvernail, sans aile / À venir à bout de cette tombe d'air...»*

*

«Ne nous est proche que ce qui est excès», *disait Mandelstam. Marina Tsvétaïéva aurait pu contresigner. Poète du paroxysme, de la saturation émotionnelle, de la puissance incantatoire, aux vers souvent brefs, hachés, avec des rimes obsédantes, de vigoureuses ellipses. Elle n'est que vitesse, passion, énergie. Sa sensibilité linguistique est suraiguë, à l'égal de sa sensibilité d'âme. Mais pas d'épanchement, pas de longueurs, pas de langueurs. Une tension d'arc, une foudroyante volée de flèches. Le poème sera comme l'amour :* «Le premier regard amou-

reux — *c'est la distance la plus courte entre deux points* —
cette droite divine qui n'a pas de pareille.» Elle dit
aussi : « Ce n'est pas l'amour qui fait battre mon cœur,
ce sont les battements de mon cœur qui engendrent
l'amour». Le rythme d'abord. Le rythme toujours. Même
dans la plus féroce détresse. « Une langue qui nie sa propre
masse et les lois de gravité», dira Joseph Brodsky. Une
démesure dionysiaque, à l'opposé du classicisme apolli-
nien d'Akhmatova. D'où, en particulier, leurs lectures si
différentes de Pouchkine. « Impensable ! Scandaleux ! on
ne doit pas la laisser s'approcher de Pouchkine !» s'ex-
clame Akhmatova à la lecture du sublime essai de Tsvé-
taïéva consacré à l'astre premier de la poésie russe.

Marina avait épousé Sergueï Efron, qui combattit
dans les rangs de l'Armée blanche au temps de la révo-
lution. Après cinq ans de séparation, elle le rejoignit en
exil, à Prague d'abord, puis en France, pendant dix-sept
années, à Meudon, à Clamart, à Vanves. Ses lettres à son
amie tchèque Anna Teskova, entre autres documents, nous
rendent témoins d'une vie presque sordide, et de l'effort
inouï du poète pour ne pas se compromettre avec ce qui
chaque jour menace d'embourber son cœur et son âme.
Existence précaire, on n'a pas de quoi faire l'emplette de
vêtements neufs, on n'a pas non plus de quoi acheter de
la viande, si ce n'est du cheval, et encore, seulement des
bas morceaux, du cœur, du foie, des rognons. Marina vit
avec Sergueï et ses deux enfants, Alia et Mour. Elle n'a
pas de pièce à elle, ne reçoit pas de visites, elle est seule :
«J'ai émigré définitivement dans mon cahier», dit-elle.
Très tôt, elle avait déclaré être «une source inépuisable
d'hérésies». Elle reste hérétique en France même, aux
yeux d'une large partie de l'émigration russe. C'est un

milieu qu'elle n'aime pas : « *Ces émigrés, dit-elle, vivent dans un passé ranci de samovar et de blinis, non pas un passé historique, mais le leur : viscéral, gustatif, possessif, petit-bourgeois, dont je ne donnerai pas un sou... À Paris, à quelques exceptions près, personnelles, on me déteste, on écrit sur moi toutes sortes d'horreurs, on me circonvient de toutes les manières...* » *On n'admet pas qu'elle ait célébré dans un texte enflammé la poésie de Pasternak et celle de Maïakovski. On fait courir le bruit que son mari reçoit de l'argent du gouvernement soviétique. Marina n'a pas d'emploi, Sergueï tente désespérément de gagner sa vie dans les studios cinématographiques. Le 20 octobre 1927, Marina écrit à Anna Teskova :* « *Gagne-pain, de 5 $^1/_2$ du matin à 7-8 heures du soir : figurant de cinéma à 40 francs la journée, dont 5 dépensés pour le trajet et 7 pour le repas, soit 28 francs par jour. Et s'il y a deux jours comme cela dans la semaine, c'est déjà beaucoup. Les voilà, les sommes bolcheviques...* » *Mais ce dont elle souffre le plus, c'est de son isolement poétique, de son absolue solitude intellectuelle :* « *En Russie, je suis un poète sans livres, ici, un poète sans lecteurs, personne n'a besoin de ce que je fais...* » *Quel regard Marina porte-t-elle sur la Russie dont elle est séparée ? Dans une lettre de 1929, elle est très claire à ce propos :* « *Vous avez si profondément raison d'aimer à ce point la Russie, écrit-elle à Anna Teskova, l'ancienne, la nouvelle, la rouge, la blanche, toute ! La Russie en effet contient — tout ; notre devoir, ou plutôt le devoir de notre amour est de la contenir — toute.* » *Le sort se ligue contre cet amour. Elle dit :* « *Tout me refoule vers la Russie, où je ne peux pas aller. Ici je suis inutile, là-bas, impossible.* »

La solitude de Marina est aussi une solitude sociale. En 1936, elle dresse cet amer constat : « *Je note avec tristesse qu'en onze ans de France, personne ne m'a invitée, jamais.* » Cette solitude est enfin, et plus douloureusement, une solitude affective : « *J'ai encore besoin que l'on m'aime, que l'on me donne l'occasion de m'aimer moi-même, que l'on ait encore besoin de moi,* comme du pain. *C'est à la fois modeste et* fou *d'exigence !* » Être fou d'exigence, ce fut sans doute la seule ambition de Marina Tsvétaïéva. Une exigence qui avait chez elle toute la force d'un destin.

À l'instar des émigrés russes du mouvement eurasien, Sergueï Efron se rapprocha de la Russie de Staline. Dans les années trente, il devint président de l'Union pour le rapatriement en URSS et agent du Guépéou. En septembre 1937, au temps des purges sanglantes, il prit une part active à l'exécution, dans la banlieue de Lausanne, du communiste Ignace Reiss. En juillet de la même année, Reiss avait adressé une lettre de rupture au comité central du Parti communiste de l'URSS. Il y déclarait notamment : « *Les prolétaires remplissent eux-mêmes le rôle de bourreaux de leurs propres camarades. La bourgeoisie peut vaquer tranquillement à ses affaires. Non, je n'en peux plus. Je reprends ma liberté. Je reviens à Lénine, à son enseignement et à son action.* »

La suite de l'histoire est atroce et funeste. De retour dans son pays natal, après un détour par l'Espagne en pleine guerre civile, Sergueï Efron sera arrêté à l'automne 1939 et fusillé. Marina, qui avait regagné Moscou quelques semaines plus tôt, sera également séparée de sa fille, déportée en Sibérie jusqu'en 1956. Lorsque les armées du Reich envahirent la Russie, de nombreux habitants furent évacués de la capitale. Le 21 août 1941, Marina et son fils arrivèrent à Élabouga, dans la République autonome socialiste de Tatarie. Submergée de désespoir, Marina se pendit dix jours plus tard à une poutre de l'isba où elle avait trouvé abri.

Marina Tsvétaïéva écoutait des voix, elle était porteuse de l'héritage chamanique de la poésie : « J'écoute quelque chose qui résonne en moi de manière constante mais pas uniforme, qui tantôt me donne des indications, et tantôt des ordres. Quand elle indique, je discute, quand elle ordonne, j'obéis. » Que la capacité de révolte soit à la mesure de la capacité d'obéissance, indissociablement, ce paradoxe est une vérité de la poésie. Une poésie ardente qui traverse les lignes de feu de son temps, tout en fixant du regard ce qui prend nom d'absolu, « comme cette proie que recherchent les loups dans les bois impénétrables de l'Éternel ».

*

Stoïcisme, ironie, puissance, éblouissante virtuosité, double ancrage dans la culture russe et dans la culture occidentale, tels sont les traits les plus saillants de l'œuvre de Joseph Brodsky. L'ode, l'élégie, la ballade, le poème philosophique, il n'est pas de forme poétique dans laquelle il ne fasse preuve d'une aisance digne de Pouchkine. Des images saisissantes et un goût affirmé pour d'élégantes parties de bras de fer entre le mètre et la syntaxe contribuent aussi à forger un ton unique dans la poésie russe du xxe siècle. Pour Brodsky, le poète est « la combinaison d'un instrument et d'un être humain », la première composante tendant à prendre le pas sur la seconde. Sa principale préoccupation ? Les effets du temps sur l'homme. « Les ruines sont le triomphe de l'oxygène et du temps », dit-il. Et les poèmes ? « Ce sont les seules bornes aux attentats du destin et à la vulnérabilité des corps. »

Né à Leningrad en mai 1940, il quitte l'école à quinze ans, exerce divers métiers, quelque temps dans une usine, à un autre moment dans un amphithéâtre de médecine ou à la chaufferie des bains publics. Aux beaux jours, il parcourt son immense pays, des forêts sibériennes aux glaciers du Pamir. Il apprend plusieurs langues, publie en revue ses premiers poèmes qui lui valent une immédiate notoriété.

En 1963, il est arrêté. On accuse le jeune homme de « parasitisme social ». Soumis à un examen psychiatrique, déclaré en pleine possession de ses facultés mentales, il est condamné à cinq ans de relégation dans le Nord lointain. Quel crime lui est imputé, hormis le fait d'être poète ? Aucun. Il répond avec aplomb au juge qui l'interroge, un individu en qui l'entière bêtise du monde semble sédimentée. De nombreux artistes et intellectuels contestent la décision de justice et finissent par obtenir l'acquittement de Brodsky. Parmi eux, Chostakovitch, Marchak, Etkind, Tvardovski, Tchoukovski et Anna Akhmatova qui s'exclame, fine mouche : « Quelle belle biographie ils sont en train de lui mitonner, à notre rouquin !… » De fait, l'affaire retentit d'un large écho à travers le monde. Pendant les mois de relégation dans le Grand Nord — une des plus belles périodes de sa vie, prétendra-t-il —, Brodsky travaille dans un sovkhoze, essouche des marais. Dans ses entretiens avec Solomon Volkov, il se souvient d'un paysage immense, abstrait, presque métaphysique, illuminé par des nuits blanches « d'une absur-

dité totale puisqu'elles répandaient une grande lumière
sur ce qui ne méritait vraiment pas un tel éclairage».

Ses deux premiers livres, Œuvres poétiques *et* Une
halte dans le désert, *paraissent non pas dans son pays
mais à New York, en 1965 et 1970. Il n'est pas inquiété
outre mesure. Il écrit, traduit John Donne et Andrew
Marwell, lit ses poèmes dans des clubs artistiques. Puis,
comme si les autorités voulaient expulser un «corps
étranger», en 1972 il est fermement incité à émigrer. Son
arrivée en Occident, où W.H. Auden le présente au public
anglophone, est le début d'un triomphe, amplifié en 1987
par le Prix Nobel de littérature qui honore à la fois le
grand poète russe qu'il est depuis le début et l'essayiste
anglophone qu'il est devenu pendant son exil aux États-
Unis.*

Dans «Berceuse de Cape Cod» (1975), *il parle de son
émigration aux États-Unis comme d'un «troc d'empires».
Aux yeux du poète, les empires se ressemblent, non dans
les détails, mais dans certains éléments fondamentaux
de leur structure, et dans la place qui est finalement faite
à l'homme dans cette structure. Il y avait chez Brodsky
une grande force intérieure, une force lumineuse et d'une
mystérieuse densité, une intelligence raffinée et tran-
chante, presque brutale, car sans compromis. Il disait:
«Il y a des crimes pires que de brûler les livres. L'un
d'entre eux est de ne pas les lire.» Il avait beaucoup
appris des poètes latins, des poètes anglais, de ses aînés
russes. Cavafy et Henri de Régnier figuraient aussi dans
son panthéon personnel. Mais dans son poème «Décembre
à Florence», où il accueille l'écho de la* terza rima, *c'est
à Dante qu'il songe, à l'exil du poète et, du même coup,
à sa ville natale dont le souvenir fait trembler une larme*

vite chassée au bord de ses yeux, mais dont il accepte
qu'elle embue un instant notre regard :

Il est des villes dans lesquelles on ne revient jamais.
Le soleil s'y cogne aux fenêtres comme à des miroirs
    sans défaut.
Et donc on n'y pénètre pas, pour tout l'or du monde.
Là-bas, toujours coule une rivière sous six ponts.
Là-bas sont des lieux où la bouche se collait
à l'autre bouche, et la plume aux feuillets.
Là-bas, arcades, colonnades, monstres de bronze font
    trembler le regard ;
là-bas, la foule parle, assiégeant le tramway,
la langue de celui qui est parti.

    Brodsky n'a jamais voulu céder la moindre place à la
nostalgie. Ce n'était pas seulement une question d'or-
gueil ou de force d'âme. C'était peut-être une question
d'éducation, la leçon jamais oubliée du Nord et du froid :
« Le froid m'a élevé, il a glissé la plume / entre mes
doigts, pour que serrés ils se réchauffent. » C'était aussi
la conviction que, de toute manière, « un grand poète
vous fait toujours parler une autre langue »…

Jean-Baptiste Para

Le Meeting

Ses mots étaient intelligents et brusques,
       Et ses pupilles ternes
Projetaient devant, sans éclat,
       Des lumières aveugles.

Des regards se portaient vers lui,
       Milliers et milliers d'yeux,
Il ne devinait pas, que bientôt
       Sonnerait l'heure dernière.

Tous ses mouvements étaient nets,
       Et sa voix était rude,
Sa barbe balançait au rythme
       Des mots empoussiérés.

Et, gris comme les ciels nocturnes,
       De tout sachant le terme,
C'est de la liberté pesante
       Qu'il secouait les chaînes.

Mais ceux d'en bas ne comprenaient
       Ni les nombres ni les noms,
Et nul ne porte du chagrin
       Et du devoir lc sceau.

Le doux murmure leva la main,
        Les lumières frémirent.
Un bruit courut, pareil au son
        D'une braise qui claque.

Et, comme un signe, des ténèbres
        La lumière a jailli...
La foule s'éveilla. Sauvage,
        Un sifflet retentit.

Au bris de verre vint se mêler
        Un sourd gémissement,
Et l'homme tomba sur les dalles,
        Le crâne fracassé.

Je ne sais qui, d'un jet de pierre
        Le tua dans la foule,
Et je me rappelle le sang
        Gouttant sur le poteau.

Tandis que l'air était percé
        De sifflets et de cris,
Il reposait à tout jamais
        À l'entrée de la salle...

À la porte un reflet brilla...
        D'autres reflets encore...
Et l'écho retentit, sonore,
        Des fusils qu'on arma.

On vit dans la lumière brève
        Cet homme étendu là,

Et le soldat, qui sur le mort
        Pointait sa baïonnette.

Sa barbe noire faisait paraître
        Plus blême son visage,
Et, en silence, les soldats
        Se regroupaient en rangs.

Et dans le calme qui régnait,
        Sa face rayonnait.
L'Ange passa, il était doux
        Et la joie — infinie.

Et ses pupilles immobiles
        Étaient austères et calmes,
Et au-dessus, les baïonnettes
        Brillaient au garde-à-vous.

Il semblait s'être caché là,
        Derrière les bouches noires,
Et il respira l'haleine
        Nocturne de la liberté.

10 octobre 1905

De la mort

De plus en plus souvent, j'erre à travers la ville.
De plus en plus souvent, je rencontre la mort.
Je souris d'un sourire raisonnable. Eh bien ?

Ainsi je le veux. C'est ma façon de savoir
Qu'elle viendra aussi chez moi à l'heure dite.

J'allais sur la chaussée, longeant le champ de courses.
Un jour doré s'assoupissait sur les gravats,
Et, par-delà, la palissade, l'hippodrome
Verdissait au soleil. Les épis, sur leur tige,
Et les pissenlits par le printemps éclatés
Somnolent au soleil câlin. Un peu plus loin,
On voit l'auvent de la tribune qui écrase
Badauds et petites-maîtresses. Des fanions
S'agitent çà et là. Tandis que les passants
Se sont juchés sur la palissade et admirent.

J'allais en écoutant le pas vif des chevaux
Sur le sol léger. Et la prompte cavalcade
De leurs sabots. Puis — un cri retentit soudain :
« Il est tombé ! Tombé ! » — criait la palissade.
Pendant ce temps, ayant bondi sur une souche,
Je pus tout voir : là-bas, au loin, qui s'élançaient,
Des jockeys bariolés — vers le mince poteau,
Puis, les suivant de près, un cheval galopant,
Sans cavalier, et qui battait des étriers.
Et, caché par les feuilles des bouleaux touffus,
Tout près de moi — je vis le jockey étendu,
Vêtu de jaune — dans le vert printemps de l'herbe,
Tombé à la renverse ; il offrait son visage

Au ciel d'azur, au ciel profond et caressant.
On aurait cru qu'il était là depuis des siècles,
Bras écartés, jambe pliée. Il était bien...
Déjà des gens couraient vers lui. Tandis qu'au loin,

Brillant de ses rayons paresseux, un landau
S'approchait doucement. Et les gens accourus
Le soulevaient enfin...

                    Et voilà que ballotte
Et balance la jambe jaune inanimée
Moulée dans sa culotte de jockey. Sa tête
Roule par-dessus les épaules des porteurs...
Le landau s'approcha. Sur un lit de coussins
On allongea, avec douceur et précaution,
Le corps jaune poussin. Un homme, gauchement,
Se hissa sur le marchepied et, immobile,
Soutenait la tête du jockey, et sa jambe ;
Et, solennel, le cocher faisait demi-tour,
Et les rayons tournaient, paresseux comme avant,
Le siège luisait, les essieux, les garde-boue...

Ainsi la mort est douce, ainsi la mort est libre.
Une pensée unique avait hanté sa course,
C'est d'arriver premier. Et c'est en plein galop
Que son cheval, à bout de souffle, a trébuché,
Il n'a pas eu la force de tenir en selle,
Et se sont envolés les frêles étriers,
Et voilà qu'il planait, projeté par le heurt...
Sur sa douce terre sa nuque vint se rompre,
Sa terre de printemps, ô bienveillante terre,
Et des pensées, en cet instant, le visitèrent,
Seules nécessaires. Et, aussitôt passées,
Elles moururent. Et ses yeux aussi moururent :
Et le cadavre, pensif, regarde le ciel.

Comme la mort est douce et libre.

Un jour je m'en allais errant le long des berges.
Des ouvriers transportaient des brouettes pleines
De bois, de brique et de charbon. Et plus profond
Semblait le bleu du fleuve sous l'écume blanche.
Entre les pans déboutonnés de leurs chemises
Se dessinaient leurs corps brunis par le soleil,
Et des yeux lumineux, ceux d'une Russie libre,
Brillaient sévèrement sur leurs faces noircies.
On y voyait aussi des enfants, jambes nues,
Qui pétrissaient et pétrissaient le sable jaune ;
Apportant qui une brique, qui un rondin,
Qui une bûche. Et se cachaient. On les voyait
Détaler au loin, la plante des pieds crottée.
Les mères attendaient, la poitrine avachie
Dans leur robe crasseuse, et les couvraient d'injures,
Distribuaient des taloches et confisquaient
Rondins, briques et bûches, qu'elles trimbalaient
Plus loin, courbant l'échine sous le fardeau lourd.

Et, de nouveau, virevoltant joyeusement,
La troupe des enfants s'en allait chaparder :
L'un va prendre la brique, un autre — le rondin...
Soudain, dans un éclaboussement d'eau, on entendit :
« Il est tombé ! Il est tombé ! » — criait la barge.
Un ouvrier, lâchant les bras de sa brouette,
Désignait de la main quelque chose dans l'eau ;
La foule des chemises bigarrées bondit
Là-bas, où, parmi les cailloux, dans l'herbe verte,
À deux pas du rivage — gisait une bouteille.
Quelqu'un traînait la gaffe.

Entre les pilotis,
Enfoncés dans le fleuve, à côté de la berge,
On vit, qui doucement se balançait, le corps
D'un homme en chemise et culotte déchirée.
Alors, l'un l'attrapa. Un autre vint l'aider,
Et, saisissant ce corps si long, si distendu,
Ils le hissèrent sur la berge, ruisselant,
Et l'allongèrent sur la rive, dans les herbes.
Cognant son sabre sur les pierres, le sergent
Posa — Dieu sait pourquoi — sa joue sur la poitrine
Trempée, et écouta avec application
Le cœur, certainement. La foule se massait
Et chaque nouvel arrivant, sans se lasser,
Posait toujours les mêmes et stupides questions :
Quand était-il tombé ; combien de temps était-il
Demeuré dans l'eau ? Combien avait-il bu ?
Puis, petit à petit, les gens se dispersèrent,
Je continuai ma route aussi, en écoutant
Un ouvrier passionné — et très éméché —
Démontrer aux autres avec autorité
Que tous les jours l'alcool assassine quelqu'un.

Je vais encore errer. Tant que le soleil brille,
Que la chaleur est ardente, tant que ma tête
Et mes pensées sont paresseuses...

Ô cœur !
Sois donc mon timonier. Contemple en souriant
La mort. Et tu te lasseras, tu ne pourras
Toi-même supporter une vie aussi gaie
Que celle que je mène. Un tel amour, une haine
Pareille, les gens ne peuvent pas supporter ;

Et je les porte au plus profond de moi.

                                          Je veux
Toujours plonger mes yeux dans le regard des hommes,
Je veux boire du vin et embrasser les femmes,
Et peupler de désirs déchaînés ces soirées
Quand la chaleur du jour empêche de rêver,
Et de chanter ! Et d'écouter le vent du monde !

                                          [*Été 1907*]

(*Traduit par Pierre Léon*, extrait
de *Le Monde terrible*,
d'Alexandre Blok,
Poésie/Gallimard, 2003)

Les Douze

(extrait)

1

      En noir le soir.
      En blanc la neige.

      Il vente, vente.
Pas moyen qu'un homme tienne sur ses jambes.
      Il vente, vente
      Sur tout le Divin monde.

      Le vent va virant
      Les blancs neigeons.

Sous les neigeons du glaçon.
　Verglas, ahan,
　Tout piéton
Est glissement… ô pauvres gens !

　　De bâtiment à bâtiment
　　　Se tend une corde.
　　　Sur la corde une pancarte :
TOUT LE POUVOIR À L'ASSEMBLÉE CONSTITUANTE
Une grosse vieille pleure à s'en rendre morte.
D'aucune façon ne comprendra la signification :
　　« Une telle pancarte pour quelle raison ?
　　« Un si gigantesque chiffon ?
« Ce qu'on en tirerait pour les enfants de tissu perdu,
Mais voilà : chaque homme est déchaussé, dévêtu ! »

　　La dondon, tel un gallinaçon,
Soubresautante, a disparu derrière les monts de neigeons.
　　　— Ô Sainte Mère d'Intercession !
— Oh oh ! les bolcheviks à la tombe nous pousseront !

　　　Le vent coupe à coups de fouet.
　　　Le gel n'est pas moindre fouet.
　　Et le sale bourgeois à la croisée
　　Des rues a dans son col rentré son nez.

　　Et ça qui c'est ?… De longs cheveux
　　　Et ça baratine à mi-voix :
　　　— Des félons !
　　　— La Russie est perdition !
　　Sans doute un littérateur
　　　Phraseur…

Hep ! là-bas ! l'homme à longs pans
Qui derrière les mottes de neige galope :
Quoi ? maintenant pas jubilant.
Camarade pope ?
Te souviens-tu, y eut un temps
Tu t'avançais, bedonnant,
Bedonnement rutilant
De crucifix sur les gens ?

Hep ! là-bas ! en astrakan ! la madame
Qui se retourne vers une autre madame !
— Nous avons déjà pleuré tellement, tellement...
La madame a glissé
Et, patatras, s'est étalée !

Oh ! là ! là !
Tire-la, relève-la !

Le vent gai,
Mauvais, satisfait,
Vire les jupons.
Fauche les piétons.
Fripe, agrippe, emporte
La géante pancarte :
TOUT LE POUVOIR À L'ASSEMBLÉE CONSTITUANTE !
Des mots apporte ;

... Nous aussi nous avons eu réunion...
... Tiens, vois, c'est dans cette maison...
... Il y a eu délibération
... On a pris des résolutions...

« Pour un moment dix kopecks. Et vingt-cinq pour une
    nuit.
« Et puis, jamais pour personne on ne fera plus bas
prix
... Allons au lit... »

     En nuit se change le soir,
     En désert le boulevard.
     Dans le désert un clochard
       Se ratatine
     Et, strident, le vent chemine.

      Hep ! clochard !
      Viens nous voir
      Qu'on s'embrasse un brin !
      — J'ai besoin de pain !
      — Et le monde de demain ?
      Passe ton chemin !

      En noir le ciel ! en noir !

      La Haine, la Haine chagrine
        Bout dans la poitrine...
      Noire Haine, sainte Haine...

        Camarade, guette des deux
           Yeux !

Janvier 1918

(*Traduit par Armand Robin,*
dans *Les Cahiers de la Pléiade*,
Gallimard, 1948)

En regardant la lumière qui joue
Sur le lierre mouillé par le printemps.

1912

pour Alexandre Blok

Je suis venue voir le poète.
Il est juste midi. C'est dimanche.
La pièce est grande et calme.
Dehors il gèle.

Un soleil de framboise
Sur la fourrure des fumées grises...
Le maître des lieux parle peu;
Il me regarde de ses yeux clairs!

Il a des yeux si clairs
Qu'on ne peut pas ne pas s'en souvenir.
Et moi, qui suis prudente, je fais mieux
De ne pas chercher à les voir.

Je me rappellerai cette conversation,
Cette fumée à midi, ce dimanche
Dans cette haute maison grise
Sur la Neva, aux portes de la mer.

1914, janvier

*

Lorsque, la nuit, j'attends qu'elle vienne
La vie ne tient plus qu'à un cheveu.
Jeunesse, honneur, liberté, rien ne compte,
Quand elle arrive avec son flûtiau, la visiteuse.
C'est elle. Elle a rejeté son voile.
Elle m'a regardée dans les yeux.
Je dis : « C'est toi qui as dicté à Dante
Les vers de l'*Enfer* ? » Elle répond : « C'est moi ».

1924

Élégies du Nord

La première

Donc, le voici, ce paysage d'automne,
Dont j'ai eu peur toute ma vie :
Le ciel, comme un abîme en feu,
Et les bruits de la ville, comme s'ils venaient
De l'autre monde, étrangers pour toujours.
On dirait que tout ce qu'en moi
J'ai combattu toute mon existence
Est devenu indépendant, s'est incarné
Dans ce jardin noir, dans ces murs aveugles...
À ce moment derrière mon épaule
Ma maison d'autrefois me suivait encore
Comme un œil malveillant à demi fermé :
C'était cette fenêtre à jamais mémorable.
Quinze ans — on le croirait — se sont transformés

En quinze siècles de granit
Et je suis devenue granit moi-même :
Et maintenant supplie, souffre mille morts,
Appelle-moi reine des mers.
Rien ne compte plus. Non, il ne faut pas...
Mais il aurait fallu que je me persuade
Que tout cela s'est produit bien des fois,
Avec moi, et pas seulement avec moi.
Avec d'autres aussi. Et bien plus mal.
Non, pas plus mal. Mieux.
Et ma propre voix — oui, c'est ce qui a été
Le plus affreux — m'a dit dans l'ombre :
« Il y a quinze ans, c'est avec une chanson
Que tu as accueilli ce jour, que tu as prié les cieux,
Et le chœur des étoiles, et le chœur des eaux
De saluer ta rencontre solennelle
Avec celui qu'aujourd'hui tu viens de quitter...

Voilà donc tes noces d'argent :
Invite des amis, fais-toi belle, et triomphe. »

La seconde

Le souvenir doit parcourir trois étapes.
La première est comme le jour d'hier.
Sous sa voûte bénie, l'âme est heureuse
Et le corps baigne dans son ombre.
Le rire encor n'est pas figé, les larmes coulent.
Sur la table on n'a pas nettoyé la tache d'encre
Et le cœur est scellé par un baiser
Unique, un adieu inoubliable...

Cela ne dure pas longtemps...
Bientôt ce n'est plus une voûte qui protège la tête,
Mais, dans un faubourg désert,
Une maison loin de tout ;
Il y fait trop froid l'hiver, trop chaud l'été,
Il y a des araignées, de la poussière partout,
Les lettres passionnées y moisissent,
Les portraits s'y transforment sournoisement.
Les gens y viennent comme on va sur une tombe.
Rentrés chez eux, ils se lavent les mains
Avec du savon. Une petite larme est suspendue
À leur paupière fatiguée. Ils la font tomber.
Péniblement ils poussent des soupirs...
Tic-tac d'horloge. Un printemps
Chasse l'autre ; le ciel vire au rose.
Les villes changent de nom,
Plus de témoins de ce qui s'est passé.
Personne avec qui pleurer,
Avec qui remuer des souvenirs.
Lentement de nous les ombres s'éloignent.
Et déjà nous ne les rappelons plus.
Elles nous feraient peur, si elles revenaient.
Une fois réveillés, nous comprenons
Que nous avons oublié le chemin,
Celui qui mène à cette maison loin de tout.
La honte et la colère nous étouffent.
Soudain nous y courons. Mais (comme il arrive en rêve)
Tout a changé : les gens, les objets, les murs,
Personne ne nous connaît plus.
Nous voilà étrangers. Ce n'est pas là
Que nous voulions aller. Mon Dieu !
Alors vient la pire amertume :

Nous admettons que ce passé ne pourrait plus
Trouver place dans les contours de notre vie.
Il nous est étranger presque autant
Que notre voisin de palier.
Ceux qui sont morts, nous ne pourrions plus
Les reconnaître. Ceux dont Dieu nous a séparés
Se sont très bien débrouillés sans nous, et même
Tout est pour le mieux.

Et ce cœur plus jamais
Ne répondra — liesse ou deuil — à ma voix.
Tout est fini. Ma chanson se perd
Dans la nuit vide, qui ne sait rien de toi.

1943-1953

Deuxième anniversaire

Non, je n'ai pas pleuré toutes mes larmes
Elles se sont amassées en moi.
Depuis longtemps mes yeux n'en ont plus,
N'en ont plus aucune, et je vois le monde.

Plus rien ne m'étouffe, aucune torture,
Douleur de l'offense, ou de l'absence.
Leur sel, qui brûle tout, s'est glissé
Dans mon sang. Tout est lucide et sec.

J'ai l'impression qu'en quarante et un,
C'était, je crois, le premier jour de juin,

Est apparue, comme sur une soie
Froissée, ton ombre de martyre.

Partout encore s'imprimait le sceau
Des grands malheurs, des récentes menaces.
Et j'ai aperçu ma ville à travers
L'arc-en-ciel des larmes dernières.

1946

La musique

Il y a en elle un miracle qui brûle.
Elle s'éclaire toute, indiciblement.
C'est elle-même qui me parle.
Elle n'a pas peur de me consoler.

Ses yeux sont largement ouverts.
Ses ailes sur ses épaules
                    ont un éclat terrible.
Et c'est comme un premier orage,
Comme si toutes les fleurs
                    se mettaient à parler.

1958

Jardin d'été

Je veux aller dans ce jardin,
                    dans cette roseraie nonpareille,
Où l'on voit des clôtures la plus belle,

Où les statues gardent mémoire
                    de la jeune fille que j'étais
Et moi, je les revois sous l'eau de la Neva.

Dans ce lieu caché, plein d'odeurs,
                    sous les tilleuls princiers,
Je crois entendre craquer
                    les mâts des vaisseaux.

Comme autrefois le cygne
                    traverse les siècles,
En extase devant la beauté de son double.

Par centaines de milliers, des pas
Dorment d'un sommeil de mort,
                    pas d'ennemis et d'amis,
Pas d'amis et d'ennemis.

Finira-t-il jamais, le cortège des ombres
Qui va du vase de granit
                    jusqu'à la porte du palais?

Mes nuits blanches là-bas
                    se parlent, dans un murmure,

De quelqu'un qui savait aimer
                secrètement, superbement.

Partout on voit briller la perle et le jaspe,
Mais un mystère dérobe
                la source de la lumière.

1959

D'un cahier d'Orient

Cette nuit-là, l'un par l'autre,
                nous sommes devenus fous.
Seule brillait pour nous
                une obscurité malveillante.
Les petits canaux parlaient leur langage
Et les œillets sentaient bon l'Asie.

Nous traversions une ville étrangère ;
Chanson de brume et touffeur de minuit.
Seuls, sous les étoiles du Serpent,
N'osant pas nous regarder l'un l'autre.

C'était Le Caire, et même Bagdad,
Tout, sauf ma Leningrad la transparente.
Et cette amère dissemblance
Nous étouffait comme l'air que respire
                un orphelin.

Hallucination : les siècles marchaient
                              près de nous, à notre rythme.
Une main tapait invisible
                              sur un tambour.
Les sons, comme des signes secrets
Dansaient devant nous, dans l'ombre.

Nous flottions, toi et moi,
                              dans une brume de mystère.
Comme si nous allions
                              dans un domaine sans maître.
Mais la lune, semblable
                              à une felouque de diamant,
Jaillit soudain
                              sur notre rencontre-rupture...

Si cette nuit revient te visiter
Ne la chasse pas comme une maudite.
Sache-le : cette minute sainte
A passé dans le rêve de quelqu'un.

1959

Le dernier poème

Quelque chose comme un tonnerre,
                              réveillé par on ne sait qui,
Avec le souffle de la vie
                              par force entre dans la maison,

Rit, vient trembler près de la gorge,
Danse en rond, bat des mains.

Quelque chose d'autre, né
                    dans le silence de minuit,
Venu je ne sais d'où,
                    rampe vers moi
Me regarde du fond du miroir vide
Et murmure — mais quoi? —
                    sévèrement.

Ou bien aussi : en plein jour,
Comme s'ils ne me voyaient presque pas,
Ils se répandent sur le papier blanc
Comme une source pure
                    au fond d'un ravin.

Autre chose encore : il y a
                    du mystérieux qui rôde autour de moi,
Ni son ni couleur,
                    ni couleur, ni son,
Forme lisse, changeante, tourbillonnante,
Qui s'esquive sans se laisser prendre.

C'est bien ça! Ça a bu le sang goutte à goutte,
Comme, quand j'étais jeune,
                    la passion, cette petite peste,
Puis, avant d'avoir dit le moindre mot,
C'est redevenu silence.

Je n'ai jamais connu pire malheur.
Ça a disparu. Les traces s'étirent

Jusqu'à je ne sais quel pays extrême.
Mais si ce n'est pas là... je meurs.

1940-1960

Requiem

(extraits)

Entrée

C'était le temps où les seuls à sourire
Étaient les morts, heureux d'être en paix.
Leningrad laissait traîner autour de ses prisons
On ne sait quel ruban inutile.
Rendus fous par les supplices,
Les condamnés avançaient en rangs
Et les sifflets des locomotives
Chantaient leur brève chanson d'adieu.
Des étoiles de mort brillaient dans notre ciel.
L'innocente Russie se tordait de douleur,
Sous les bottes sanglantes,
Sous les pneus des fourgons noirs.

1

Ils t'ont emmené à l'aurore.
Je t'ai suivi comme on suit un cercueil.
Les enfants pleuraient dans la chambre sombre.

La cire du cierge coulait.
Sur tes lèvres le froid de l'icône.
La sueur de la mort sur le front...
Ne rien oublier !
Comme les femmes des Archers
Je hurlerai sous les murs du Kremlin.

1935

2

Le Don coule paisiblement ;
La lune jaune entre dans la maison.

Elle entre le bonnet sur l'oreille ;
La lune jaune voit une ombre.

Il y a là une femme malade ;
Il y a là une femme qui est seule.

Son mari sous terre, son fils en prison.
Dites pour moi une prière.

(*Traduit par Jean-Louis Backès*,
extrait de *Requiem, Poème
sans héros* et autres poèmes,
Poésie/Gallimard, 2007)

Est comme un tendre cartilage,
On offre encore en sacrifice
L'agneau — l'os crânien de la vie.

Pour délivrer l'âge captif,
Commencer un monde nouveau,
Que les degrés noueux des jours
Soient liés comme ceux de la flûte !
La vague ondule, c'est le siècle
Qui l'émeut d'une angoisse humaine.
Tapie dans l'herbe la vipère
Respire au rythme d'or du siècle.

Les bourgeons vont s'enfler encore,
Les jeunes pousses jailliront.
Hélas ! on t'a rompu l'échine,
Mon beau, mon pitoyable siècle.
Riant aux anges, tu regardes
Derrière toi, faible et cruel,
Comme un fauve, souple jadis,
Les traces de tes propres pattes.

1923

Celui qui trouve un fer à cheval

Tournés vers la forêt, nous disons :
Voici la forêt des navires et des mâts,
Et les pins roses
Libres jusqu'à leur faîte de l'épineux fardeau.

À eux de grincer dans la tempête
Pins solitaires,
Dans l'air fou de colère, vierge de forêts ;
Sous le talon salé du vent, le fil rivé au pont dansant
     du navire gardera son aplomb.

Et le navigateur,
Dans sa soif effrénée d'espace,
Traînant dans de moites fondrières le fragile instru-
     ment du géomètre,
Compare à l'attraction de la matrice terrestre
La rugueuse surface des océans.

Et nous,
Humant le parfum des larmes résineuses qui suintent
     à travers le bordage du navire,
Admirant les planches
Clouées, ajustées en cloison
— Ce n'est pas le paisible charpentier de Bethléem qui
     les posa, mais un autre,
Le père des voyages, l'ami du marin —
Nous disons :

Ils furent eux aussi sur la terre
Incommode comme un dos d'âne,
Leur cime leur faisant oublier les racines,
Ils se dressaient sur la chaîne fameuse,
Bruissant sous l'averse d'eau douce,
Proposant vainement à la nue d'échanger leur noble
     fardeau
Contre une pincée de sel.

Par où commencer?
Tout craque et ploie.
L'air frémit de comparaisons,
Pas un mot ne vaut mieux que l'autre,
La terre gronde sous la métaphore,
Et de légères carrioles
Dans l'attelage criard d'envols d'oiseaux tendus sous
    l'effort
Se brisent en éclats,
En voulant affronter les favoris piaffants de l'hippo-
    drome.

Trois fois béni qui dans son chant sait mettre un nom,
Car le chant qui s'orne d'un titre
Vit plus longtemps parmi les autres chants,
Et le bandeau dont on ceignit son front le distingue
    parmi ses compagnons,
Le guérit de la pâmoison, du parfum trop envoûtant,
Intimité de l'homme,
Parfum de la fourrure d'une bête robuste,
Ou simplement senteur de la sarriette frottée entre les
    paumes.
L'air est parfois sombre comme l'eau et toute chose
    vivante y nage comme un poisson,
De ses nageoires écartant la sphère,
Compacte, souple, à peine tiédie,
Cristal où les roues se meuvent, où regimbent les che-
    vaux,
Humide tchernoziom chaque nuit de nouveau retourné
Par des fourches, des tridents, des pioches, des charrues.
L'air est pétri aussi épais que la terre,
Il est impossible d'en sortir, difficile d'y pénétrer.

De son vert battoir un frisson parcourt les arbres;
Les enfants jouent aux osselets avec les vertèbres d'ani-
    maux défunts.
La frêle chronologie de notre ère touche à son terme.
Merci pour ce qui a été:
Je me suis trompé, je me suis égaré, j'ai perdu le compte,
Et notre ère vibrait comme une sphère d'or,
Creuse, coulée, soutenue par personne,
Au moindre frôlement elle répondait: «oui» et «non»,
Comme un enfant répond:
«Je te donnerai une pomme» ou «je ne te donnerai pas
    de pomme»,
Et son visage est l'exacte moulure de la voix qui pro-
    nonce ces mots.

Le son tinte encore, mais la cause du son a disparu.
Le cheval gît dans la poussière et s'ébroue dans l'écume,
Mais la courbe abrupte de son encolure
Garde encore le souvenir de la course avec les membres
    de toutes parts jetés,
Quand ils étaient bien plus de quatre,
Autant qu'il est de pierres sur la route,
De pierres quatre fois multipliées
Par la foulée de l'ambleur frappant le sol, luisant de
    chaleur.

Ainsi,
Celui qui trouve un fer à cheval
En souffle la poussière,
Et le frotte avec un chiffon de laine jusqu'à ce qu'il brille,
Alors,
Il le suspend à la porte de la maison
Pour qu'il se repose,

Plus jamais il ne lui sera donné
D'arracher l'étincelle au silex.

Les lèvres de l'homme,
                        quand elles n'ont plus rien à dire,
Gardent la forme de la dernière parole prononcée.
Et dans la main il reste une sensation de pesanteur,
Bien que l'eau gicle
                        et que la cruche se soit à demi vidée
                                sur le chemin du retour.

Ce que je dis maintenant, ce n'est pas moi qui le dis,
Cela fut exhumé comme des graines de froment pétrifié.
Certains sur les monnaies frappent l'effigie du lion,
D'autres
                une tête ;
Toutes sortes de pièces de cuivre, d'or et de bronze,
Avec une égale majesté gisent dans la terre.
Le temps pour les ronger y imprima la marque de ses
    dents.
Le temps me coupe comme une pièce de monnaie
Et déjà il me manque une part de moi-même.

Moscou, 1923

Minuit dans Moscou

C'est minuit dans Moscou. Un superbe été bouddhique.
Avec un martèlement léger les rues se dispersent dans
    d'étroits escarpins de fer.

Les anneaux typhiques des boulevards se pâment de
    bonheur.
Moscou même la nuit ne connaît le repos.
Quand la paix s'échappe sous les sabots,
On dirait que deux clowns, quelque part sur le champ
    de tir,
Ont pris place — Bim et Bom —
Et peignes et maillets sont entrés dans la danse.
Tantôt c'est un harmonica, tantôt
C'est un piano aux dents de lait —
Do-ré-mi-fa
Et sol-fa-mi-ré-do...

Ah! quand j'étais plus jeune j'enfilais
Mon imperméable en toile cirée
Et j'allais dans les vastes tentacules des boulevards
Où tambourinent les pattes d'allumettes d'une gitane
    en longue jupe,
Où l'ours aux arrêts se promène,
De la nature l'éternel menchevik...
Et j'aspirais jusqu'à la nausée la senteur des lauriers-
    cerises...
Où aller maintenant? Il n'y a ni lauriers, ni cerises...

Je vais tirer le poids conique
De la pendule de cuisine à l'amble rapide.
Ce qu'il peut être revêche, le temps!
Mais j'aime à le saisir par la queue:
Car il n'est pas coupable de sa propre fuite,
Avec son air un peu trop rusé.

Ah non! Il ne faut ni supplier, ni te plaindre! Chut!
Ni geindre!
          Est-ce pour cela que les roturiers
Ont battu leurs semelles craquelées, pour qu'à présent
    tu les trahisses?

Nous mourrons comme des fantassins,
Mais nous n'exalterons ni la rapine, ni la corvée, ni le
    mensonge!

Il y a chez nous la toile d'araignée d'un vieux plaid
    d'Écosse,
Tu m'en recouvriras comme d'un drapeau quand je
    mourrai.
Buvons, compagnon, à l'orge de notre chagrin,
Buvons jusqu'à la dernière gorgée!...

Des cinémas fonctionnant à plein régime,
Assommées comme après une anesthésie,
Sortent les foules! Comme elles sont vénéneuses
Et comme elles ont besoin d'oxygène!

Il est temps que vous le sachiez, je suis moi aussi un
    contemporain,
Je suis un homme de l'époque des Confections mosco-
    vites,
Regardez comme ma veste bâille,
Comme je sais marcher et parler!
Essayez donc de me séparer du siècle,
Je vous le garantis, vous vous casserez le cou!

Je parle avec l'époque mais a-t-elle
L'âme dure comme la corde et s'est-elle

Parmi nous ignominieusement acclimatée,
Comme dans un temple du Tibet une petite bête ridée,
Elle se gratte et hop! dans la baignoire de zinc —
Fais-nous ton numéro, fille de Russie!

C'est peut-être humiliant, mais il faut le comprendre:
Il y a le stupre du labeur, nous l'avons dans le sang.

Déjà le jour se lève. Dans les jardins frémit le télégraphe
  vert.
Raphaël vient en visite chez Rembrandt.
Lui et Mozart, ils donneraient leur âme pour Moscou,
À cause des yeux bruns, de l'éphémère ivresse des
  moineaux.

Et l'on dirait un message pneumatique
Ou la gelée d'une méduse de la mer Noire
Que transportent de logis en logis
Les courants d'air sur leur tapis roulant,
Ainsi qu'au mois de mai des étudiants espiègles...

Mai-4 juin 1932

Distiques sur Staline [1]

Nous vivons sans sentir sous nos pieds de pays,
Et l'on ne parle plus que dans un chuchotis,

Si jamais l'on rencontre l'ombre d'un bavard
On parle du Kremlin et du fier montagnard.

1. Titre ajouté par le traducteur.

Il a les doigts épais et gras comme des vers
Et des mots d'un quintal précis comme des fers.

Quand sa moustache rit, on dirait des cafards,
Ses grosses bottes sont pareilles à des phares.

Les chefs grouillent autour de lui — la nuque frêle.
Lui, parmi ces nabots, se joue de tant de zèle.

L'un siffle, un autre miaule, un autre encore geint —
Lui seul pointe l'index, lui seul tape du poing.

Il forge des chaînes, décret après décret...
Dans les yeux, dans le front, le ventre et le portrait.

De tout supplice sa lippe se régale.
Le Géorgien a le torse martial.

Novembre 1933

(*Traduit par François Kérel*,
extrait de *Tristia et autres
poèmes*, d'Ossip Mandelstam,
Poésie/Gallimard, 1982)

MARINA TSVÉTAÏÉVA

1892-1941

De mes vers, écrits si tôt
Que je ne me savais pas poète,
Jaillis comme l'eau des fontaines,
Comme le feu des fusées,

S'engouffrant comme des diablotins
Dans le sanctuaire plein de rêves et d'encens,
De mes vers de jeunesse et de mort
— De mes vers jamais lus ! —

Jetés dans la poussière des librairies
(Où personne n'en veut ni n'en a voulu),
De mes vers, comme des vins précieux
Viendra le tour.

Koktebel, mai 1913

À S. E.

Avec défi, je porte son anneau !
Je suis sa femme devant l'éternité — pas sur papier.

Son visage est étroit
Comme une épée.

Sa bouche est muette, les coins abaissés,
Ses sourcils — douloureux et splendides.
Dans son visage tragique se sont mêlées
Deux dynasties anciennes.

Il est fin comme les branches naissantes.
Ses yeux — admirables, inutiles.
Sous les sourcils ailés déployés —
Deux précipices.

Je reste fidèle à son visage de chevalier,
— Pour vous tous qui mourez et vivez sans peur —
En des temps fatidiques — on chante
De telles stances — avant d'aller à l'échafaud.

Koktebel, 3 juin 1914

*

Baiser au front — c'est effacer l'ennui.
Je baise au front.

Baiser les yeux — c'est tuer l'insomnie.
Je baise les yeux.

Baiser les lèvres — c'est donner à boire.
Je baise les lèvres.

Jeune Derjavine [1], que peut vous faire
Mon vers brutal et ses à-coups !

Pour un terrible vol je vous
Baptise : envole-toi donc, jeune aigle.
Tu fixes le soleil, l'œil ouvert, —
Est-ce mon regard trop jeune qui t'aveugle ?

Plus tendrement et sans retour
Nul regard n'a suivi votre trace.
Je vous embrasse, — sans compter
Les kilomètres qui nous espacent.

12 février 1916

2

Tu rejettes la tête en arrière —
Et puis que tu es fier et hâbleur.
Quel joyeux compagnon jusqu'à moi
A conduit ce mois de février !

Cliquetant de pièces de monnaie
Et lentement soulevant la poussière,
Comme des étrangers triomphants
Nous allons par la ville natale.

De qui sont les mains délicates
Qui ont, beauté, touché tes cils,

1. Gabriel Derjavine (1743-1816), poète officiel du règne de Catherine II *(N.d.É.)*.

Quand, comment, par qui et combien
Tes lèvres ont-elles été baisées —

Je m'en moque. Mon esprit avide
A surmonté ce rêve-ci.
En toi c'est le garçon divin,
Petit de dix ans, que j'estime.

(*Traduit par Ève Malleret, op. cit.*)

Ils ont pris...

Les Tchèques s'approchaient des Allemands
et crachaient.

(*Voir les journaux
de mars 1939*)

Ils prenaient vite et ils prenaient largement :
Ils ont pris les cimes, ils ont pris les tréfonds,
Ils ont pris l'acier, ils ont pris le charbon,
Ils ont pris notre cristal et notre plomb.

Ils ont pris le sucre et ils ont pris le trèfle,
Ils ont pris le Nord et ils ont pris l'Est,
Ils ont pris les ruches et ils ont pris le blé,
Ils ont pris notre Midi et notre Ouest.

Les Tatras, ils les ont pris et pris les Thermes,
Ils ont pris les alentours et les lointains,

Mais — plus amères que le paradis sur terre! —
Ils ont pris les armes sur le sol natal.

Ils ont pris les fusils, ont pris les cartouches,
Ils ont pris l'amitié, pris le minerai...
Mais tant qu'il reste du crachat dans la bouche —
Tout le pays est armé!

9 mai 1939

(Traduit par Elsa Triolet, op. cit.)

JOSEPH BRODSKY

1940-1996

Le grand ciel noir était plus pâle que ces jambes,
avec l'obscurité il ne pouvait se fondre.
C'était le soir où près de notre feu
un cheval noir apparut à nos yeux.

Je n'ai pas souvenir de noir plus sombre.
Plus noires que charbon étaient ses jambes.
Il était noir comme la nuit, comme le vide.
Il était noir de la crinière au fouet.
Mais c'est d'un autre noir, déjà, qu'était
son dos qui ignorait la selle.
Il restait sans bouger. Endormi, semblait-il.
Et la noirceur de ses sabots était terrible.

Il était noir, inaccessible à l'ombre.
Si noir, qu'il ne pouvait être plus sombre.
Aussi noir que l'est la nuit noire à minuit.
Aussi noir que l'est le dedans d'une aiguille.
Aussi noires que sont les futaies les plus hautes.
Comme dans la poitrine l'espace entre les côtes.

Comme le trou sous terre où se cache le grain.
À l'intérieur de nous c'est noir, je le crois bien.

Et pourtant oui, il devenait plus sombre !
Il n'était que minuit à notre montre.
Il était là, sans s'avancer d'un pas.
Sous son ventre régnaient des ténèbres insondables.
Son dos déjà disparaissait.
Plus rien de clair ne restait.
Ses yeux luisaient en blanc, comme une chiquenaude.
Sa prunelle en était plus effrayante encore.

Il était comme un négatif.
Pourquoi avait-il donc, suspendant son pas vif,
décidé de rester parmi nous si longtemps ?
Sans s'éloigner de notre feu de camp ?
Pourquoi respirait-il cet air si noir,
faisant craquer les branches sous son poids ?
Pourquoi ce rayon noir qu'il faisait ruisseler ?

Parmi nous tous, il se cherchait un cavalier.

1961

(*Traduit par Véronique Schiltz,*
extrait de *Poèmes 1961-1987* de
Joseph Brodsky, Du Monde
entier/Gallimard, 1987)

Une halte dans le désert

Il est si peu de Grecs à Leningrad
que nous avons démoli leur église
pour construire sur cet emplacement
un auditorium. Cette architecture
est sans espoir, bien sûr... Mais après tout
une salle d'un bon millier de places
est-ce un cas désespéré ? C'est un temple,
c'est le temple de l'art. À qui la faute
si l'art vocal fait meilleure recette
que ne font les bannières de la foi ?
Le malheur à présent, c'est que de loin
nous n'apercevons plus une coupole
mais une chose plate affreusement.
Quant aux infâmes proportions, ma foi,
l'homme n'en dépend pas ; mais il dépend
souvent des proportions de l'infamie.

Je me rappelle bien sa destruction.
On était au printemps, je me rendais
chez une famille amie et tatare
qui vivait à côté. Par la fenêtre
toujours j'apercevais l'église grecque.
Tout débuta par nos débats tatares,
puis à la conversation se mêlèrent,
d'abord indistincts, d'étranges bruits sourds
qui bientôt étouffèrent tout propos.
L'excavateur pénétra dans l'enclos,
une masse balançait à sa flèche.

Sans bruit les murs commençaient à se rendre.
Il faudrait bien voir qu'on ne se rendît pas,
quand on est mur, à de tels arguments.
Et puis l'excavateur pouvait juger
à bon droit le mur chose inanimée
et dans un certain sens pas différent
de lui. Or dans le monde inanimé
l'usage n'est pas de s'accorder grâce.
Lors on dépêcha des camions sur place,
des bulldozers... Et un beau jour, un soir,
j'étais assis dans les ruines du chœur.
Par les pans éboulés passait la nuit ;
moi, par les trous béants, je regardais
les tramways qui s'enfuyaient dans le noir
et la file blafarde des lanternes.
De ce prisme d'église je voyais
ce qu'une église en droit ne montre pas.

Un jour, lorsque nous n'existerons plus,
ou plutôt après nous, à notre place
il surgira quelque chose aussi dont
ceux qui nous auront connus auront peur.
Mais ceux nous ayant connus seront peu.
Ainsi, par pur souvenir, les cabots,
au même emplacement, lèvent la patte.
Le mur est parti depuis bien longtemps,
mais eux, pardi, ils l'ont encor en tête.
Leurs rêves tirent un trait sur le fait.
Le sol peut-être a préservé l'odeur ?
Le bouquin résisterait à l'asphalte ?
Peu leur chaut l'innommable bâtiment.

Pour eux l'enclos est là, sans aucun doute !
Tout ce qui est évident pour les hommes
visiblement, les chiens n'en ont point cure !
Ne dit-on pas « fidèle comme un chien » ?
Que s'il a pu m'arriver d'évoquer
sans rire le relais des générations,
sachez que je ne crois qu'à celui-là :
entendez le relais de l'odorat.

Il est si peu de Grecs à Leningrad,
si peu d'ailleurs partout ailleurs qu'en Grèce...
Ils sont à tout le moins trop peu nombreux
pour préserver les temples de leur foi.
Quant à la foi en nos temples à nous
elle n'est pas exigée d'eux. C'est à croire
qu'une chose est de baptiser un peuple
mais porter sa croix, c'est une autre histoire.
Ils n'avaient qu'une seule obligation
mais eux, ils n'ont pas su s'en acquitter :
depuis lors la friche a bien buissonné.
« Toi le semeur, conserve ton araire,
nous, nous saurons quand monter en épi. »
Mais ils n'ont pas conservé leur araire.

Ce soir je regarde par la fenêtre
et songe au chemin que nous avons pris.
De quoi sommes-nous plus loin à présent :
de l'hellénisme ou de l'orthodoxie ?
De quoi sommes-nous près ? Devant nous, quoi ?
Entamons-nous maintenant une autre ère ?

Et si tel est le cas, que nous faut-il faire ?
Quel sacrifice est de nous attendu ?

1966

(*Traduit par Georges Nivat,*
extrait de *Poèmes 1961-1987,*
op. cit.)

Nature morte

«Verrà la morte e avrà i tuoi occhi»

CESARE PAVESE

1

Choses et gens nous
entourent. Et les deux
déchirent l'œil.
Mieux vaut vivre dans le noir.

Je suis assis sur un banc
du parc et je suis des yeux
une famille qui passe.
La lumière me répugne.

C'est janvier. L'hiver.
Selon le calendrier.
Quand le noir me répugnera,
alors je parlerai.

2

Voilà. Je suis prêt. Commencer.
Peu importe par où. Ouvrir
la bouche. Je peux me taire.
Mais mieux vaut que je parle.

De quoi ? Des jours, des nuits,
ou bien encore de rien.
Ou encore des choses.
Des choses et non des

gens. Ils mourront.
Tous. Je mourrai aussi.
Vaine entreprise.
Comme d'écrire au vent.

3

Mon sang est froid.
Froid plus mordant
que rivière jusqu'au fond gelée.
Je n'aime pas les gens.

Leur allure me déplaît.
Ils sont par leurs visages
accrochés à la vie
d'un air inébranlable.

Quelque chose dans leurs visages
est insupportable à l'esprit.
Quelque chose de flagorneur
à l'adresse d'on ne sait qui.

4

Plus aimables sont les choses. Elles
ne recèlent ni bien ni mal
apparent. Et, si on les explore,
en leur fin fond.

Intérieur des objets. Poussière.
Cendre. Termite perce-bois.
Papillon desséché. Parois.
Pour l'inconfort des mains.

Poussière. Et la lumière soudaine
n'éclairera que poussière.
Quand bien même la chose
est hermétiquement close.

5

L'extérieur de la vieille armoire,
et son intérieur aussi,
fait surgir dans ma mémoire
Notre-Dame de Paris.

Au creux de l'armoire, ténèbres.
Jamais plumeau ni surplis
n'y essuieront la poussière. D'elle-même
la chose, c'est la règle,

ne combat pas la poussière,
ne fronce pas le sourcil.
Car la poussière est la chair
du temps. La chair et le sang.

6

Pour moi depuis quelque temps
je dors au milieu du jour.
C'est ma mort apparemment
qui m'éprouve

présentant, moi qui respire,
un miroir devant ma bouche,
pour voir comment je tolère
le non-être à la lumière.

Je ne bouge pas.
Flancs froids comme glace.
Le bleuté de mes veines
est celui du marbre.

BIBLIOGRAPHIE SÉLECTIVE

ALEXANDRE BLOK

Cantiques de la Belle Dame, traduits par Jean-Louis Backès, Imprimerie Nationale, 1992.

Le Monde terrible, traduit par Pierre Léon, *Poésie* / Gallimard, 2003.

Poèmes, traduits par Christian Mouze, Albedo, 1990.

Poèmes, traducteurs divers, Éditions Librairie du Globe, 1994.

Les Douze, traduits par Brice Parain, Le Nouveau Commerce, 1978.

Poèmes et lettres d'Italie, traduits par Sylvie Técoutoff, Le Nouveau Commerce, 1994.

Œuvres en prose, traduites par Jacques Michaut, L'Âge d'Homme, 1974.

Les Derniers Jours du régime impérial, traduit par Hélène Iswoslky, Gallimard, 1931.

Œuvres dramatiques, traduites par Gérard Abensour, L'Âge d'Homme, 1982.

Baraque de foire, montage réalisé à partir de *Baraque de foire* et de *L'Inconnue* par D. Essakia et I. Popovski, traduction Hélène Henry, Clémence Hiver & Solin, 1994.

On peut également trouver des traductions de Blok par

Gabriel Arout dans *Quatre poètes de la Révolution* (Éditions de Minuit, 1967) et par Armand Robin dans *Quatre poètes russes* (Le Temps qu'il fait, 1985). Signalons enfin une récente biographie du poète : *Aleksandr Blok*, par Jean-Louis Backès (Aden, 2005).

ANNA AKHMATOVA

Requiem, traduit par Paul Valet, Éditions de Minuit, 1966.

Le Poème sans héros, traduit par Éliane Moch-Bickert, Librairie des Cinq Continents, 1977.

Poème sans héros et autres œuvres, traduit par Jeanne et Fernand Rude, Maspero, 1982.

Le Soir, traduit par Sylvie Técoutoff, Le Nouveau Commerce, 1986.

Élégies du Nord et autres poèmes, traduit par Christian Mouze, Alidades & Cazimi, 1989.

À la ville de Pouchkine, traduit par Christian Mouze, Cazimi, 1991.

Poèmes, traduits par Cyrilla Falk, Guillevic *et alii*, Éditions Librairie du Globe, 1993.

En route, par toute la terre, traduit par Christian Mouze, Alidades, 1995.

Anthologie, traductions de Jacques Burko, *Orphée* / La Différence, 1997.

Requiem et autres poèmes, texte français par Henri Deluy, Fourbis, 1998, Farrago, 1999.

Le Vent de la guerre, traduit par Christian Mouze, Harpo &, 2003.

Requiem, traduit par Sophie Benech, Interférences, 2005.

Anno domini MCMXXI, traduit par Christian Mouze, Harpo &, 2006.

Requiem, Poème sans héros et autres poèmes, *Poésie* / Gallimard, 2007.

Revue de Belles Lettres n°s 1-3, 1996, dossier « Anna Akhmatova ».

Lydia Tchoukovskaïa, *Entretiens avec Anna Akhmatova*, traduit par Lucile Nivat et Geneviève Leibrich, Albin Michel, 1980.

OSSIP MANDELSTAM

I. POÉSIE

Tristia et autres poèmes, traduit par François Kérel, Gallimard, 1975, réédité dans la collection *Poésie* / Gallimard, 1982.

Tristia, traduit par Michel Aucouturier, Imprimerie Nationale, 1994.

Vers du soldat inconnu, traduit par Yvan Mignot, La Main courante, 1991.

Simple promesse (choix de poèmes 1908-1937), traduit par Philippe Jaccottet, Louis Martinez et Jean-Claude Schneider, La Dogana, 1994.

Arménie, traduit par Christiane Mornettas, Alibis, 1997.

Les Cahiers de Voronej, traduit par Christian Mouze, Harpo &, 1999.

Pierre, traduit par Christian Mouze, Harpo &, 2002.

(La) Pierre (Les premières années: 1906-1915), traduit par Henri Abril, Circé, 2003.

Le Deuxième Livre (1916-1925), traduit par Henri Abril, Circé, 2002.

Les Poèmes de Moscou (1930-1934), traduit par Henri Abril, Circé, 2001.

Les Cahiers de Voronej (1935-1937), traduit par Henri Abril, Circé, 1999.

II. PROSE

La Rage littéraire, traduit par Lily Denis, Gallimard, 1972.

Le Bruit du temps, traduit par Édith Scherrer, L'Âge d'Homme, 1972 ; rééd. Christian Bourgois, 2006.

Voyage en Arménie, traduit par Claude B. Levenson, L'Âge d'Homme, 1973.

Voyage en Arménie, traduit par André du Bouchet, Mercure de France, 1984.

Quatrième prose, traduit par Christian Mouze, Le Nyctalope, 1980.

Quatrième prose, traduit par André Markowicz, Christian Bourgois, 1993.

Entretien sur Dante, traduit par Louis Martinez, L'Âge d'Homme, 1977.

Entretien sur Dante suivi de *La Pelisse*, traduit par Jean-Claude Schneider, La Dogana, 1989.

Physiologie de la lecture, traduit par André du Bouchet, Fourbis, 1989.

De la poésie, traduit par Mayelasveta, *Arcades* / Gallimard, 1990.

Le Timbre égyptien, traduit par Éveline Amoursky, Actes Sud, 1995.

Lettres, traduit par Ghislaine Capognat-Bardet, Actes Sud / Solin, 2000.

Été froid et autres textes, traduit par Ghislaine Capognat-Bardet, Actes Sud, 2004.

MARINA TSVÉTAÏÉVA

I. POÉSIE

Poèmes, trad. Elsa Triolet, Gallimard, 1968.

Vœux de Nouvel An, trad. Véronique Lossky et André du Bouchet, *L'Éphémère*, n° 17, 1971.

Insomnie, trad. Christian Riguet, *Alidades*, n° 1, 1982.

Le Poème de la montagne. Le Poème de la fin, trad. Ève Malleret (éd. bilingue), L'Âge d'Homme, 1984.

Tentative de jalousie & autres poèmes, trad. Ève Malleret, La Découverte, 1986.

Le ciel brûle, trad. Pierre Léon, Les Cahiers des Brisants, 1987.

Les Arbres, trad. André Markowicz, Clémence Hiver, 1989.

Le Gars, Clémence Hiver, 1991 ; Des Femmes, 1992 (traduit en français par l'auteur elle-même).

L'Offense lyrique, trad. Henri Deluy, Fourbis, 1992.

Après la Russie, trad. Bernard Kreise, Rivages Poche, 1993.

Poèmes, trad. Henri Abril, Gaby Larriac *et al.*, introd. d'Ariadna Efron (éd. bilingue), Éditions Librairie du Globe, 1993.

Sans lui, avec Sophie Parnok, trad. Henri Deluy, Fourbis, 1994.

Le Poème de l'air, trad. Véronique Lossky et Jacques Darras, Le Cri, 1994.

Le ciel brûle suivi de *Tentative de jalousie*, traductions de Pierre Léon et d'Ève Malleret, *Poésie* / Gallimard, 1999.

II. THÉÂTRE

Ariane, trad. Sylvie Técoutoff, L'Âge d'Homme, 1979.

Phèdre, trad. Jean-Pierre Morel, Actes Sud, 1991.

Romantika (Le Valet de cœur, La Tempête de neige, La Fortune,

L'Ange de pierre, Une aventure, Le Phénix), trad. Hélène Henry, Gallimard, 1998.

Une aventure, trad. Nicolas Struve — *Le Phénix*, trad. Zéno Bianu et Tonia Galievsky, Clémence Hiver, 2002.

III. RÉCITS ET ESSAIS

Le Diable et autres récits, trad. Véronique Lossky, L'Âge d'Homme, 1979 ; Le Livre de Poche Biblio, 1995.

Mon frère féminin, Mercure de France, 1979 (écrit en français).

Le Conte de ma mère, trad. Véronique Lossky, *Le Nouveau Commerce*, nos 65-66, 1988.

L'Art à la lumière de la conscience, trad. Véronique Lossky, Le Temps qu'il fait, 1987.

Indices terrestres, trad. Véronique Lossky, Clémence Hiver, 1987.

Mon Pouchkine suivi de *Pouchkine et Pougatchov*, trad. André Markowicz, Clémence Hiver, 1987.

Les Flagellantes, trad. Denise Yoccoz-Neugnot, Clémence Hiver, 1989.

Averse de lumière, trad. Denise Yoccoz-Neugnot, Clémence Hiver, 1989.

Le Poète et le Temps, trad. Véronique Lossky, Le Temps qu'il fait, 1989.

Le Poète et la Critique, trad. Véronique Lossky, Le Temps qu'il fait, 1989.

Histoire d'une dédicace, trad. Janka Kaempfer-Waniewicz, Le Temps qu'il fait, 1989.

Nathalie Gontcharova. Sa vie, son œuvre, trad. Véronique Lossky, Clémence Hiver, 1990.

Histoire de Sonetchka, trad. Véronique Lossky, Clémence Hiver, 1991.

De vie à vie ; Ici-Haut. Maximilian Volochine, trad. André Markowicz, Clémence Hiver, 1991.

Assurance sur la vie — Le Chinois, trad. Véronique Lossky, Clémence Hiver, 1991.

Des poètes : Maïakovski, Pasternak, Kouzmine, Volochine, édition d'Efim Etkind, trad. Dimitri Sesemann, Des Femmes, 1992.

Vivre dans le feu. Confessions, traduit par Nadine Dubourvieux, Robert Laffont, 2005.

Souvenirs, traduits par Anne-Marie Tatsis-Botton, Le Rocher, 2006.

IV. CORRESPONDANCE

Correspondance à trois (été 1926), avec Boris Pasternak et Rainer Maria Rilke, trad. Lily Denis, Ève Malleret et Philippe Jaccottet, Gallimard, 1983.

Neuf lettres avec une dixième retenue et une onzième reçue, Clémence Hiver, 1985 (écrit en français).

Lettre à Véra Merkourieva (31 août 1940), trad. Lucien Lebet, *La Nouvelle Alternative*, n° 7, 1987.

Quinze lettres à Boris Pasternak, édition et traduction de Nadine Dubourvieux, Clémence Hiver, 1991.

Lettres à Anna Teskova (1922-1939), édition et traduction de Nadine Dubourvieux, Clémence Hiver, 2002.

Lettres du grenier de Wilno, traduites par Éveline Amoursky, Éditions des Syrtes, 2004.

Correspondances Marina Tsvetaeva / Boris Pasternak (1922-1936), traduit par Éveline Amoursky et Luba Jurgenson, Éditions des Syrtes, 2005.

Cet été-là, correspondances Marina Tsvetaeva / Nicolaï Gronski, traduit par Chantal Houlon-Crespel, Éditions des Syrtes, 2005.

Lettres de la Montagne & Lettres de la fin, traduit par Nicolas Struve, Clémence Hiver, 2006.

JOSEPH BRODSKY

I. POÉSIE

Collines et autres poèmes, traduits par Jean-Jacques Marie, Le Seuil, 1966.

Poèmes 1961-1987, traduits par M. Aucouturier, J.-M. Bordier, C. Ernoult, H. Henry, E. Malleret, A. Markowicz, G. Nivat, L. Robel, V. Schiltz et J.-P. Sémon, Gallimard, 1987.

Vertumne et autres poèmes, traduits par Hélène Henry, André Marcowicz et Véronique Schiltz, Gallimard, 1993.

II. ESSAIS, THÉÂTRE, ENTRETIENS

Loin de Byzance, traduit par Laurence Dyèvre et Véronique Schiltz, Fayard, 1988.

Acqua Alta, traduit par Benoît Cœuré et Véronique Schiltz, *Arcades* / Gallimard, 1992.

Demokratiia / Démocratie, pièce en un acte, Éditions A Die, 1990.

Le Cauchemar du monde post-communiste (avec Václav Havel), traduit par Claude Orsini, Anatolia / Le Rocher, 2002.

Conversation avec Iossif Brodski, par Vitaly Amoursky, *Europe* n° 853, mai 2000.

Conversations avec Joseph Brodsky, par Solomon Volkov, traduit par Odile Melnik-Ardin, Anatolia / Le Rocher, 2003.

Marbre, traduit par Georges Nivat, Gallimard, 2005.

Le domaine russe
en Poésie/Gallimard

Ce volume,
le quatre cent vingt-huitième
de la collection Poésie,
composé par Interligne
a été achevé d'imprimer sur les presses
de l'imprimerie Bussière à Saint-Amand (Cher),
le 9 janvier 2007.
Dépôt légal : janvier 2007.
Numéro d'imprimeur : 62439.

ISBN 978-2-07-030931-3./Imprimé en France.

136924